Pour la Bibliothèque Nationale.

G. Lacour-Gayet.

Une soirée chez Talleyrand à l'hôtel des Relations extérieures, 3 janvier 1798.

(Extrait de la *Revue française hebdomadaire*, numéro du 12 mars 1922.)

17e Année - N° 11 12 Mars 1922

LA REVUE FRANÇAISE

Hebdomadaire

La Bretagne Inspiratrice

AU SOMMAIRE :

Auguste DUPOUY :: CARUCHET :: Firmin ROZ

Le peintre LEMORDANT

Une soirée chez Talleyrand

par

G. LACOUR-GAYET, *de l'Institut*

Le Nid tombé de la branche, roman par Henry de FORGE

Notre Enquête sur les Aspirations de la Jeunesse Contemporaine

Un an : 45 Frs. 12, rue Auber PARIS Le Numéro : 1 Fr.

LA
REVUE FRANÇAISE

Rédaction et Administration : 12, Rue Auber, Paris-9

Chèques Postaux : PARIS 278-23 ■ Téléphone : GUTENBERG 33-99

Les manuscrits ne sont pas rendus.

hebdomadaire — Le Numéro : UN FRANC

Les abonnements partent du 1er de chaque mois

Envoi de fonds ou recouvrement à la charge de l'Abonné

Changement d'adresse : 1 fr.

ABONNEMENTS

	Un an,	*6 mois,*	*3 mois,*
France et Colonies.	45 fr.	23 fr.	12 fr.
Belgique	50 fr.	26 fr.	13.50
Pays Etrangers	60 fr.	31 fr.	16 fr.

AVIS IMPORTANT. — Les frais d'envoi de n'importe quelle somme par chèque postal à notre compte Paris 278-23 sont uniformément de 15 centimes seulement.

Prière instante de joindre les fonds à l'ordre d'abonnement.

Bureaux en Belgique : *Bibliothèque Choisie*, 26, rue des Paroissiens, à Bruxelles.

Les abonnements de l'Étranger doivent obligatoirement être accompagnés de leur montant.

Sommaire :

Une Soirée chez Talleyrand

A l'Hôtel des Relations extérieures (3 Janvier 1798)

Conférence faite sous les auspices de la Société des Promenades-Conférences.

■ ■ ■

Mesdames, Messieurs,

La causerie d'aujourd'hui a pour objet de reconstituer la soirée que Talleyrand, ministre des Relations extérieures, offrit ici même, le 3 janvier 1798, au général Bonaparte.

Le terrain sur lequel nous nous trouvons était, au début du XVIIIe siècle, un cimetière dépendant de la paroisse Saint-Sulpice. Il était désaffecté quand un président au Parlement de Paris, Talon, marquis du Boulay, fit construire dans la partie voisine de la rue du Bac un hôtel dont les jardins s'étendaient, du côté du Couchant, jusqu'à l'emplacement actuel de l'ambassade d'Italie. Vingt-sept ans plus tard, en 1766, la veuve du président Talon vendit la majeure partie de ce terrain à Louis-François, marquis de Galliffet, qui appartenait par ses origines à la noblesse de Provence; il avait servi lui-même sur les vaisseaux du roi, comme commandant du *Trident*. Il habitait alors rue Saint-Dominique. C'est ce marquis de Galliffet qui fit construire notre hôtel.

On dit qu'il avait donné pour tout programme à son architecte de construire un hôtel avec quatre-vingt-dix-neuf colonnes. L'architecte, chargé d'exécuter ce programme fastueux et peu précis, fut Jacques-Guillaume Legrand; il devait construire plus tard la coupole de la halle au blé. Ici, pendant une vingtaine d'années, de 1775 à 1796 environ, son talent se donna librement carrière et lui inspira une très belle œuvre.

Dans la rue du Bac, en face du couvent des Récollettes, s'ouvrait l'accès de l'hôtel; c'est aujourd'hui à peu près à l'emplacement des numéros 92 et 94; en 1790, la « maison Galliffet » portait le numéro 471 de la rue du Bac, les maisons étant alors numérotées, d'après un système fort incommode, non par rue, mais par section. L'immeuble se trouvait très en arrière de l'accès de la rue du Bac; il était encadré par de vastes jardins qui allaient de la rue de Grenelle, au Nord, à la rue de Varenne, au Sud, et qui avaient une allure de parc.

Au fond d'une seconde cour, un majestueux péristyle avec huit colonnes ioniques, de dix mètres de haut, formait et forme la façade du principal corps de bâtiment; elle est tournée du côté de la rue du Bac, mais elle en est séparée aujourd'hui par des maisons modernes.

Sur le côté Sud de l'hôtel, un large passage, où les voitures ont accès, est décoré de vingt colonnes doriques; il donne accès aux magnifiques salons du rez-de-chaussée et au grand escalier. Legrand avait dessiné la cage de l'escalier; elle est haute de dix-sept mètres et éclairée par une coupole. Il l'avait ornée au premier étage de douze colonnes ioniques, entre lesquelles il avait inséré de beaux bas-reliefs représentant des scènes mythologiques, d'après les *Métamorphoses* d'Ovide; mais l'escalier, qui avait été construit à l'époque de

(Photo Giraudon.)
Bonaparte au pont d'Arcole, esquisse par Gros (1771-1835)

la Convention, ne répondait point à l'élégance de ce cadre. C'était un escalier en bois, avec une rampe de fer, qui montait droit de la porte d'entrée et qui conduisait, au premier, à un palier demi-circulaire se développant à droite et à gauche. Aujourd'hui, depuis la restauration faite en 1898 par l'architecte de l'ambassade, la forme de l'escalier a été complètement changée; il a été accolé à la paroi de la cage et accompagné d'une rampe de pierre, à laquelle on aurait pu souhaiter plus de légèreté.

Toutes les constructions prévues sur les dessins de Legrand n'étaient pas terminées en 1790, quand la « maison Galliffet » devint une propriété nationale. Le ministère des Relations extérieures, nos Affaires étrangères, s'y installa au mois de février 1794; il y demeura jusqu'en 1821 pour être transféré au boulevard des Capucines, d'où il est passé à l'hôtel du quai d'Orsay.

L'ambassade d'Italie a occupé l'hôtel comme locataire depuis 1894; elle l'occupe depuis 1909 comme propriétaire; elle l'a acheté à cette date à la descendante du marquis de Galliffet qui l'avait fait bâtir. Des travaux de restauration ont été faits à cette époque, pour maintenir le caractère artistique de cette résidence princière.

Elle fut, avons-nous dit, notre hôtel des Affaires étrangères pendant vingt-huit ans. C'est à ce titre que Talleyrand vint y habiter le 16 juillet 1797. L'ancien évêque d'Autun, qui avait depuis longtemps oublié son caractère sacerdotal et épiscopal, s'il s'en était jamais souvenu, succédait dans cet hôtel au ministre Charles Delacroix, qui devait être le père du célèbre peintre Eugène Delacroix. Ah! la tâche d'un ministre des Relations extérieures était singulièrement aisée en cette année 1797; il n'avait qu'à apposer le sceau de l'Etat au bas des conventions qu'un général avait déjà scellées du pommeau de son épée.

Ce général, c'était le commandant de l'armée d'Italie, Napoléon Bonaparte. Dans l'espace d'un an, il avait dicté presque autant de conventions qu'il avait remporté de victoires. L'une des dernières de ces conventions et non la moins glorieuse, c'étaient les préliminaires de Léoben; ils avaient été dictés à l'empereur, le 18 avril 1797, quand l'armée d'Italie était arrivée au cœur des Alpes, quand elle n'était plus qu'à vingt-cinq heures de marche de la capitale des Habsbourg.

Qu'est-ce que pouvait peser la plume d'un ministre des Relations extérieures à côté de l'épée du général Bonaparte? Bien peu de chose en vérité. Mais, si cette plume était intelligente, si elle n'était pas gênée par les souvenirs d'un passé très différent du présent, si elle avait le don de deviner l'avenir, que pouvait-elle faire de mieux que de se mettre au service de cette épée? Pouvait-on la souhaiter plus spirituelle, plus séduisante, plus parfumée d'un encens exquis que dans ce billet de quelques lignes, adressé par Talleyrand à Bonaparte le 24 juillet, huit jours après son arrivée à l'hôtel de la rue du Bac?

« J'ai l'honneur de vous annoncer, général, que le Directoire exécutif m'a nommé ministre des Relations extérieures.

« Justement effrayé des fonctions dont je sens la périlleuse importance, j'ai besoin de me rassurer par le sentiment de ce que votre gloire doit apporter de moyens et de facilités dans les négociations. Le nom seul de Bonaparte est un auxiliaire qui doit tout aplanir.

« Je m'empresserai de vous faire parvenir toutes les vues que le Directoire me chargera de vous transmettre, et la Renommée, qui est votre organe ordinaire, me ravira souvent le bonheur de lui apprendre la manière dont vous les aurez remplies. »

En savourant ces flatteries d'un tour si délicat, Bonaparte comprit que le nouveau ministre était un autre personnage que son prédécesseur Delacroix; les Directeurs avaient eu la main heureuse en appelant aux affaires le citoyen Talleyrand, que lui-même jusqu'ici ne connaissait que de nom. Il écrivit au Directoire pour le féliciter de son choix. Il écrivit aussi au ministre; cette lettre, paraît-il, était longue, fort obligeante, de nature à montrer un personnage autre que le Bonaparte de l'opinion publique; malheureusement, elle est perdue.

Comme il avait dicté les préliminaires de Léoben, Bonaparte dictait, le 17 octobre, le traité de Campo-Formio, le traité qui donnait à la France la rive gauche du Rhin, mais qui rayait aussi du rang des nations la République de Venise. Le Directoire avait pris son deuil de la Sérénissime, il avait accepté les faits accomplis. Pour l'habitant de cet hôtel, il ne se borna pas à adresser au général des félicitations d'une banalité officielle. Le billet qu'il lui écrivit, le 26 octobre, est un hymne de triomphe; Talleyrand, l'Impassible chantait un cantique d'action de grâces.

« Voilà donc la paix faite, et une paix à la Bonaparte. Recevez-en mon compliment de cœur, mon général; les expressions manquent pour vous dire tout ce qu'on voudrait en ce moment. Le Directoire est content, le public enchanté. Tout est au mieux...

« Adieu, général pacificateur! Adieu. Amitié, admiration, respect, reconnaissance : on ne sait où s'arrêter dans cette énumération. »

Bonaparte sentit qu'il y avait en Talleyrand un collaborateur d'avenir. Le ministre venait à lui, il ne cherchait qu'à attacher sa fortune à la fortune du signataire de Campo-Formio. Déjà, à travers les distances et sous les formules épistolaires, un attrait instinctif rapprochait ces deux hommes; ils avaient à peu près tout de différent, l'origine sociale, l'âge, le caractère, le tempérament; mais ils avaient un point commun : ils ne croyaient qu'au succès, ils étaient dénués de scrupules. Qu'ils aient une occasion de se voir, de se parler, et ils auront vite fait de lier partie.

■

Bonaparte n'avait fait que se montrer au Congrès de Rastadt. Dans l'après-midi du 5 décembre (1797), il était de retour à Paris, dans son hôtel de la rue Chantereine.

Le soir de son arrivée, Bonaparte reçut chez lui la visite du directeur Barras. Le même soir — vous remarquerez cet empressement — il envoyait un aide de camp à l'hôtel de la rue du Bac, pour demander à quelle heure il pourrait voir le ministre. Talleyrand fit répondre qu'il l'attendait; rendez-vous fut pris pour le lendemain matin, à onze heures, au ministère.

Le ministre fit savoir la nouvelle à quelques personnes de ses relations. Le 6 décembre, dès six heures du matin, Mme de Staël, qui brûlait de voir le grand homme, attendait dans le salon du ministre; avec elle, il y avait Bougainville, le célèbre navigateur, et quelques invités. A l'heure dite, on annonçait Bonaparte. Le ministre alla au devant de lui. En traversant le salon, il lui nomma Mme de Staël. Le général fit à peine attention à la fille de Necker; ou du moins, selon ce qu'elle rapporte elle-même, il se borna à lui dire qu'il avait cherché son père à Coppet, et qu'il regrettait d'avoir passé en Suisse sans le voir. Bougainville le retint davantage; il lui dit quelques mots obligeants.

Voilà donc pour la première fois Talleyrand et Bonaparte en présence. Quel contraste entre ces deux hommes, rapprochés et associés par les hasards de la Révolution! L'un grand, les cheveux poudrés comme sous l'ancien régime, la figure blème qui rappelait d'une manière frappante les traits de Robespierre, les os saillants, la tête courte, les yeux fixes, le nez retroussé, les lèvres dont les coins retombaient avec une expression de mépris, le cou enveloppé dans une cravate très haute, la taille prise dans une large redingote, le port raide et immobile le plus possible pour dissimuler l'allure clopinante de sa mauvaise jambe, toute sa personne dégageant un air de fatigue et de souveraine indifférence qui le faisait paraître plus âgé que ses quarante-trois ans. L'autre petit, maigre, les gestes brefs et nerveux, le teint olivâtre, de longs cheveux noirs tombant sur le front et les oreilles, le visage sévère illuminé par des yeux gris profondément enchâssés sous les paupières, les lèvres serrées, le menton proéminent, la figure volontaire ayant déjà le masque césarien, son être tout entier donnant une impression irrésistible de force et de domination; il portait l'uniforme de général en chef, il venait de commander l'armée d'Italie, il allait commander l'armée d'Angleterre, il n'avait que vingt-huit ans.

Madame de Staël.

« Au premier abord, dit Talleyrand, Bonaparte me parut avoir une figure charmante; vingt batailles gagnées vont si bien à la jeunesse, à de la pâleur et à une sorte d'épuisement. Nous entrâmes dans mon cabinet. Cette première conversation fut, de sa part, toute de confiance. Il me parla avec beaucoup de bonne grâce de ma nomination au ministère des Relations extérieures, et insista sur le plaisir qu'il avait eu à correspondre en France avec une personne d'une autre espèce que les Directeurs. Sans trop de transition, il me dit : « Vous êtes neveu de l'archevêque « de Reims [le cardinal de Talleyrand-Péri-« gord], qui est auprès de Louis XVIII. » (Je remarquais qu'il ne dit point : du comte de Lille.) Et il ajouta : « J'ai aussi « un oncle qui est archidiacre en Corse; c'est « lui qui m'a élevé. En Corse, vous savez « qu'être archidiacre, c'est comme d'être « évêque en France. » Nous rentrâmes bientôt dans le salon qui s'était rempli, et il dit à voix haute : « Citoyens, je suis sensible à « l'empressement que vous me montrez. J'ai « fait de mon mieux la guerre, et de mon « mieux la paix. C'est au Directoire à savoir « en profiter, pour le bonheur et la prospérité « de la République. » Puis nous allâmes ensemble au Directoire. »

Bien des drames devaient se passer entre ces deux hommes, qui se sentaient alors indispensables l'un à l'autre; Talleyrand devait recevoir de Napoléon en pleine figure de ces injures qui tuent. Et cependant, quand il écrivait, quelque vingt ans après, cette page de ses *Mémoires*, on sent qu'il subissait encore le charme que le jeune général avait alors exercé sur lui.

■

Nous n'accompagnerons pas Talleyrand et Bonaparte à la réception officielle que le Directoire fit au signataire du traité de Campo-Formio, quatre jours plus tard, le 10 décembre, dans la grande cour du palais du Luxembourg.

Restons dans les salons de l'hôtel Galliffet. Talleyrand avait décidé de fêter Bonaparte, de le fêter lui-même, chez lui, dans une sorte d'intimité fastueuse; l'éclat de cette réception devait être pour celui qui en serait l'objet un hommage plus sensible que la parade théâtrale du Luxembourg. Cette réception de Bonaparte depuis son retour d'Italie, » la fête de la rue du Bac eut lieu le 14 nivôse an VI, 3 janvier 1798. A cette date, il y avait entre le ministre et le général un lien de plus; depuis l'élection de Bonaparte à l'Institut, le 25 décembre 1797, ils étaient devenus confrères.

De « toutes les caresses, pour parler comme Barras, que Talleyrand faisait à Bonaparte depuis son retour d'Italie », la fête du 3 janvier 1798 fut la caresse la plus habile et la plus galante qu'on put rêver: c'était, en effet, à « Madame Bonaparte » que la fête était offerte. Talleyrand, toujours au dire de Barras, avait pour principe « qu'il faut faire marcher les femmes dans les circonstances importantes. » Il n'y manqua pas ce jour-là; car il mit tout en œuvre pour conquérir, par une galanterie digne de l'ancien régime, les bonnes grâces de la citoyenne épouse du général. Joséphine était arrivée à Paris le 29 décembre; elle amenait avec elle sa jeune belle-sœur, la belle Pauline, qui était fiancée au général Leclerc. La fête fut alors fixée au décadi suivant, et le ministre fit hâter les derniers préparatifs.

Menuisier, peintre, fabricant de fleurs artificielles, vitrier-illuminateur, jardinier-fleuriste, chandelier, mouleur et sculpteur, maçon, terrassier, papetier, serrurier, lustrier, tapissier-décorateur, machiniste, artificier, imprimeur, tous les corps de métier travaillèrent sous la direction de l'architecte Bélanger, qui avait été quelques années plus tôt le grand ordonnateur des fêtes du comte d'Artois; leurs mémoires furent réglés à 11.926 livres. Qu'on ajoute 804 livres pour les artistes chorégraphes et musiciens, qu'on ajoute les cachets des chanteurs qui ne sont pas connus, les gratifications à la police, les dépenses de bouche qui durent être élevées : le total représenta certainement un bon nombre de milliers de francs. Mais c'était la princesse qui régalait la générale; la princesse avait bien fait les choses.

L'escalier était tout garni d'arbustes odoriférants; un orchestre avait été disposé à l'étage supérieur; partout, sur les murs, des copies reproduisaient les chefs-d'œuvre que Bonaparte avait conquis au delà des Alpes; un petit temple étrusque, bâti pour la circonstance contenait le buste de Brutus, qui faisait partie des trophées italiens de Bonaparte; dans les cours que traversaient les invités, en entrant par la rue du Bac, on avait disposé un camp avec des tentes et des soldats de toutes les armes; car un appareil militaire convenait à la circonstance.

Le ministre avait invité plus de cinq cents personnes, et il avait fait bien des malheureuses. « Il fallait se tirer, a écrit Talleyrand, de ce qu'avaient de trop commun les femmes des Directeurs, qui, comme de raison, occupaient le premier rang. » On devine que cette élimination n'avait pas été sans quelque difficulté. Les plus jolies femmes de Paris, les plus élégantes se trouvaient dans les salons du ministère. « Celui qui eût été chargé de donner le prix à la beauté, rapporte un invité, n'aurait eu que l'embarras du choix; jamais on ne vit une réunion de plus jolies personnes. »

C'était l'époque où le goût du grec et du romain faisait fureur dans la mode féminine, le grec pour les femmes à la taille élancée, le romain pour les femmes à l'allure plus puissante. Cheveux courts et frisés à la Titus avec des torsades et des bandelettes, robes à la Flore, à la Diane, au lever de l'Aurore, à la Vestale, à l'Omphale, tuniques à la Cérès, à la Minerve, redingotes à la Galathée, cothurnes agrafés avec un gland sur le milieu de la jambe: tout était à l'antique. Pas d'étoffes lourdes et raides, aux plis cassants et qui engoncent, comme le velours, la soie, le satin; mais des tissus flous, lâches, comme la mousseline, au nom ailé, le linon, le crêpe, la gaze. La souplesse indiscrète de ces étoffes convenait bien au temps des merveilleuses, au temps des « nudités gazées, » où les femmes — c'est un mot de l'époque — « faisaient un peu plus que laisser soupçonner leur gorge ».

Laure Saint-Martin Permon, un jour duchesse d'Abrantès, qui avait alors treize ans, assistait à la fête avec sa mère. « Nous étions mises de même, dit-elle. Une robe de crêpe blanc, garnie avec deux larges rubans d'argent, dont le bord était lui-même bordé avec un bouillon gros comme le pouce, en gaze rose lamée d'argent ; et sur la tête une guirlande

Mme de Talleyrand (Collection ~~Jérome~~ Jacques Doucet).

de feuilles de chêne, dont les glands étaient en argent. » Tous les invités s'étaient conformés à l'avis qui était imprimé sur la carte même d'invitation : « Vous jugerez convenable, j'en suis sûr, de vous interdire tout habillement provenant des manufactures anglaises. »

Sur les cinq Directeurs, Rebuell et Larevellière-Lépeaux, qu'on disait peu favorables à Bonaparte, s'étaient abstenus de se rendre à l'invitation du ministre. Barras, François de Neufchâteau, Merlin de Douai l'avaient acceptée; toutefois, ils avaient négligé de se conformer à l'article de la Constitution qui les obligeait à ne paraître, « soit au dehors, soit dans l'intérieur de leurs maisons, que revêtus du costume qui leur est propre. » Ils étaient en habits civils. Cette « inconvenance », suivant le mot d'un témoin, le ministre de Prusse Sandoz-Rollin, avait été remarquée.

Pour le maître de la maison, il portait son costume officiel de ministre : habit-manteau à revers et à manches, le dessus noir ; les doublures, les revers, la veste, le pantalon ponceau; le revers de la veste bleu; écharpe en ceinture blanche; le tout en soie, avec des broderies en soie de couleur; chapeau noir, retroussé sur le devant, avec un panache de trois plumes ponceau; baudrier noir; escarpins noirs avec un nœud de rubans ponceau. Vous croiriez presque voir Méphistophélès sur la scène de l'Opéra.

■

Vers dix heures et demie, Bonaparte fit son entrée avec Joséphine. Un silence religieux s'établit : « Le voilà! c'est lui! » Il ne portait pas l'uniforme de général; sa taille, un peu grêle, était prise dans une redingote unie boutonnée jusqu'au col ; Joséphine à la grâce nonchalante avait orné les tresses de ses cheveux avec un diadème de camées. Le général prit le bras d'Arnault, l'auteur de *Marius à Minturnes*, et il entra dans la salle de bal. La valse, depuis peu introduite en France, entraînait les couples dans ses tourbillons ; on dansait aussi une contredanse nouvelle, qu'on appelait la Bonaparte.

Mme de Staël avait attendu cette soirée avec impatience; elle brûlait de prendre sa revanche de l'accueil indifférent du 6 décembre précédent. Elle avait trente et un ans et demi. Deux passions la dévoraient, qui n'avaient point encore été satisfaites, qui ne devaient l'être jamais que d'une manière imparfaite, tant son âme était orageuse : l'ambition et l'amour. Germaine Necker, qui avait des battements de cœur quand elle voyait un homme célèbre, avait fait le plus déraisonnable des mariages de raison, le jour où elle avait épousé le baron de Staël-Holstein. « J'avais tout mis dans l'amour, confiait-elle à trente ans à un ami. Tous les sentiments dérivent de là dans la jeunesse. » Quelle désillusion dans son mari, le plus correct et le plus incolore des diplomates que la Suède avait donnés à la France! Elle avait bien rencontré, voici quatre ans, Benjamin Constant; mais ce n'était point encore l'amour comme elle le concevait, l'amour qui la donnerait à un homme vraiment supérieur, à un homme plus brillant qu'elle, à un homme qui la dominerait. Cet homme, il vient d'apparaître sur le plus grand théâtre du monde; il est la jeunesse, — vingt-huit ans et demi, — il est la gloire, il est l'avenir, il est le mystère. Quand elle se regarde, elle sait bien que sa personne un peu trapue, que ses formes sculpturales ne répondent pas au type de la beauté du jour, qui préfère les Dianes et les duchesses de Bourgogne aux Junons et aux Cérès; mais elle a la puissance de ses yeux que deux flammes illuminent, le génie et la passion. Elle s'est fait inviter par son vieil adorateur Talleyrand à cette soirée, où elle s'est promis de séduire Bonaparte. Avec Bonaparte elle sera aimée enfin comme elle sent qu'elle est digne de l'être, aimée pour être dominée ; dans l'ami de son cœur et de ses sens, elle veut un maître.

Elle demande à Arnault de la présenter au général : un cercle se forme autour d'eux.

L'Hôtel des Relations extérieures, aujourd'hui ambassade d'Italie.

« On croyait voir, dit un témoin, la reine de Saba avec Salomon. » Mme de Staël accablait de compliments Bonaparte, qui restait sur la défensive; puis brusquement, elle abattit son jeu: « Général, quelle est la femme que vous aimeriez le plus? — La mienne. — C'est tout simple; mais quelle est celle que vous estimeriez le plus? — Celle qui sait le mieux s'occuper de son ménage. — Je le conçois encore. Mais enfin quelle serait pour vous la première des femmes ? — Celle qui fait le plus d'enfants, Madame. » Et ce fut tout; ce soir-là ils ne parlèrent pas plus avant.

Les *Commentaires* de Napoléon confirment cette anecdote; ils ajoutent que le futur empereur fit la fameuse réponse « en souriant. » Avec un sourire, comme le remarque Sainte-Beuve, la riposte, au lieu d'être une grosse impolitesse, n'était plus guère qu'une malice. Mme de Staël, qui a parlé avec assez de détails de ses relations avec Bonaparte justement à cette époque, n'a point rapporté l'incident; on le comprend. Mais sans doute elle y a fait allusion dans cette phrase : « Bonaparte se plaisait déjà dans l'art d'embarrasser, en disant des choses désagréables. » Quelle déception pour ses rêves d'amour ! Quelle blessure pour son amour-propre! Elle n'avait pas séduit le dieu du jour. Le dieu ne l'avait pas devinée; il n'avait pas voulu d'elle; par un prodige qu'elle ne pouvait pas s'expliquer, le « Corse aux yeux d'acier » l'avait réduite au silence. Alors, dévorant son dépit, elle le suivit du regard pendant toute la soirée; elle le vit très occupé de Joséphine; il tenait à passer pour amoureux de sa femme, il tenait surtout à couper court à toute tentative d'envoûtement. Ce genre de femmes, qui affichaient leurs sentiments et qui faisaient de la politique, lui était insupportable. Combien Mme de Staël dut souffrir dans cette soirée où elle avait escompté le triomphe de toute sa vie : être aimée de Bonaparte!

■

A onze heures les danses cessèrent; la musique joua le *Chant du Départ*, c'était ici un intermède. Au milieu d'une haie de myrtes, de lauriers et d'oliviers, les invités se rendirent dans la salle du banquet. Les femmes seules se mirent à table, les hommes debout auprès d'elles.

On disait de Talleyrand qu'aux dîners officiels, il semblait avoir fait vœu de ne point ouvrir la bouche; c'est parfois pour un diplomate le moyen de se faire, à peu de frais, une réputation d'habileté. Ce soir-là, debout derrière le siège de Joséphine, il faisait les honneurs « avec une aisance qui annonçait que les grâces et les plaisirs n'étaient pas pour le ministre, plus que la politique, des affaires étrangères. »

Bonaparte était à côté de Talleyrand; il tenait par le bras l'ambassadeur turc, Esséid Ali Effendi, le fameux ambassadeur, qui avait été quelques semaines plus tôt la coqueluche de Paris. Pauvre Esséid Ali! Quand Bonaparte affectait envers lui cette intimité flat-

M. de Talleyrand.

teuse, il ne se doutait guère de ce qui se préparait à ce moment dans l'ombre, entre le général et le maître de la maison : ce n'était rien moins que l'expédition d'Egypte.

Mais voici les toasts et les couplets. « A la citoyenne qui porte le nom le plus cher à la gloire! » dit Talleyrand; ce sont des applaudissements enthousiastes. Lays, l'artiste à la voix moelleuse et tendre, chanta ce couplet de Despréaux, qui fut bissé avec transport.

Sur l'air : *Il faut, quand on aime une fois.*

Du guerrier, du héros vainqueur
O compagne chérie!
Vous qui possédez tout son cœur,
Seule avec la patrie,
D'un grand peuple à son défenseur
Payez la dette immense;
En prenant soin de son bonheur,
Vous acquittez la France.

On entendit encore trois chanteurs en vogue, Chéron, Chénard et Dugazon. Le ministre avait proposé de boire à l'heureux succès de la descente en Angleterre: il y eut alors dans l'assistance un mouvement d'indignation patriotique; mais Dugazon ramena la gaieté, en chantant, sur l'air de *Sultan-Saladin*, des couplets relatifs à la descente, dont le refrain était :

Ce n'est pas, vous m'en pouvez croire,
La mer à boire,
La mer à boire.

Le souper s'acheva; il était digne « de ces Romains qui avaient conquis l'Asie, comme nous avions conquis l'Italie, et qui ne plaçaient pas non plus leur républicanisme dans la misère. » Le Directoire ne fut jamais le régime de l'ascétisme. Les danses recommencèrent; le bal, plein d'éclat, se prolongea jusqu'à l'aurore. Bonaparte s'était retiré à une heure du matin; la fête lui avait plu. A Sainte-Hélène, il notait dans ses *Commentaires* qu'elle avait été « marquée au coin du bon goût. » Quant aux femmes des Directeurs, la citoyenne François de Neufchâteau et la citoyenne Merlin de Douai, elles ne savaient comment faire compliment à leur hôte pour tant de luxe et d'élégance. « Cela a dû vous coûter gros, citoyen ministre », lui dit la citoyenne Merlin. — « Pas le Pérou, Citoyenne », reprit Talleyrand avec son sourire de grand seigneur.

■

A évoquer cette soirée du 3 janvier 1798, il semble que les ombres de Talleyrand et de Bonaparte, de Joséphine et de Mme de Staël continuent à errer dans ces salons qui leur furent familiers. L'une a son air un peu dédaigneux de grand seigneur d'ancien régime : l'autre a ces trois séductions: la jeunesse, la gloire, le mystère. Celle-ci a conservé la nonchalance et la grâce du climat où elle est née; celle-là porte toujours la trace de la passion et de l'ambition cruellement déçues. Souhaitons qu'au bout de cent vingt-quatre ans elles se soient reconnues dans ce que l'on vient de raconter sur elles. Pour l'ombre de Talleyrand, elle est dans joie, soyez-en sûrs, à voir que Paris est toujours avec vous, Mesdames, la capitale de l'esprit et de l'élégance.

G. Lacour-Gayet,
de l'Académie des Sciences morales et politiques.

LA RIVIERA : SAINT-RAPHAEL

La mer bleue luit derrière les branches lancées des cèdres et des pins, pareille à l'iris de beaux yeux calmes sous le fin réseau des cils. Les pentes accidentées, feutrées d'aiguilles de pin sur la douce terre brune, se terminent en chaos rocheux à pic sur la mer. Certaines criques sauvages font penser à la Bretagne, et au loin, bien semblables à des animaux marins endormis, les îles paresseuses du Lion de Terre et du Lion de Mer ont l'air de danser mollement sur l'onde immobile. Les hydravions du centre de Fréjus, mouettes aventureuses, se posent un instant sur l'horizon et s'envolent de nouveau capricieusement... Le soir va tomber : sur la longue jetée tournante, — bague d'or dont le petit bloc de maisons de Saint-Raphaël serait le chaton éblouissant, — de pâles lumières apparaissent entre les palmiers et de blanches silhouettes surgissent de l'ombre : femmes en toilettes claires, promeneurs vêtus de blanc comme aux colonies, tous après la journée accablante viennent chercher la rapide fraîcheur du crépuscule sur la mer. On entend les orchestres des hôtels, cachés au fond des parcs, et leurs échos mêlés s'enflent et s'évanouissent tour à tour au gré du vent.

Un hydravion blanc est resté sur la mer, à un mille du rivage, là-bas en plein milieu du dernier îlot pourpre que les ténèbres n'ont pas encore ravi au couchant fastueux : il est en panne. Et bientôt du petit port, pittoresque et joli comme un jouet, un aviso sort qui va le chercher. Ses feux trop vifs éblouissent. Ses machines ont un grondement régulier et doux comme une caresse. Il passe tout près des jetées, à quelques mètres à peine du kiosque où les tziganes font danser les jeunes hivernants et on distingue sur le pont les parements d'or des tenues d'officier.

Saint-Raphaël, débarrassé de la torpeur du jour, s'éveille avec les étoiles — les étoiles si nombreuses et si belles de ces ciels méridionaux, qui, de tous côtés, semblent tomber sur la terre pour éclairer sa joie.

Gaston Foch.

Mme du Billy, à M. — J'ai actuellement la propriété d'une centaine d'hectares que vous me demandez; je vous envoie pour prochain courrier en communication tous les plans nécessaires.

Mme Lefort, à Tours. — Il ne m'est pas impossible de trouver la petite propriété d'agrément de 10 hectares avec parc et maison d'habitation que vous me demandez dans la région que vous préférez. Je vais faire des démarches dans ce sens.

M. Lemaître, à N... — Je ne vois qu'une solution. Empruntez sur votre propriété pour cinq ou dix ans. Vous pouvez avoir la moitié environ de la valeur vénale de votre domaine, soit 100.000 francs. Etant une première hypothèque, le taux ne dépasserait pas 6,80 à 7 0/0.

On demande dans la région de l'Oise, près ligne de chemin de fer, propriété d'agrément 50 à 60.000 francs, plage familiale.

En Bretagne, villa auprès de la mer, de 50 à 60.000 francs, plage familialle.

Ai acquéreurs pour plusieurs propriétés rurales, de moyenne importance.

Les Nouveautés pratiques.

L'Étiquette-Retour

Le temps est de l'argent; gagner du temps, c'est prolonger la vie : vieilles maximes excellentes, dont sont inspirées de fréquentes inventions, plus ou moins heureuses sans doute, mais dont certaines ont une utilité vraie.

CECI EST POUR VOTRE PROCHAINE RÉPONSE
VEUILLEZ DÉTACHER L'ADRESSE CI-CONTRE ET LA COLLER SUR VOTRE ENVELOPPE

LA REVUE FRANÇAISE
HEBDOMADAIRE
12, RUE AUBER
PARIS (IXe)

En voici une qui plaira aux hommes d'affaires : l' « étiquette-retour », que notre administration vient d'adopter et que nos correspondants trouveront désormais au bas de nos lettres.

D'un aspect agréable et même élégant, elle remplace avantageusement l'ancienne enveloppe-réponse, fort encombrante, si facilement égarée et dont le poids donnait lieu parfois à un surcroît d'affranchissement excessivement onéreux. L' « étiquette-retour », dont le petit rectangle de gauche adhère à la lettre, ne s'égare pas; son poids est insignifiant et le pli sur lequel est collée cette ingénieuse adresse a chance de parvenir plus exactement à son destinataire.

C'est aux « *Editions Modernes* », — à *Chambéry* (*Savoie*, — que nous devons ce très réel progrès. Il convient de les en féliciter et nous souhaitons que l'emploi de l'étiquette-retour ne tarde pas à se généraliser, non seulement entre commerçants, mais entre tous les correspondants qui pensent que leurs minutes sont une monnaie précieuse, dont il faut savoir être économe.

L'Administrateur Gerant : J.-J. RAYNAL

Imp. Dubois et Bauer, 34, rue Laffitte, Paris.

www.ingramcontent.com/pod-product-compliance
Lightning Source LLC
LaVergne TN
LVHW012021170826
845678LV00004BA/1586

* 9 7 8 2 3 2 9 6 2 5 6 4 5 *